BEI GRIN MACHT SICH IHR
WISSEN BEZAHLT

Bibliografische Information der Deutschen Nationalbibliothek:

Die Deutsche Bibliothek verzeichnet diese Publikation in der Deutschen National-
bibliografie; detaillierte bibliografische Daten sind im Internet über http://dnb.d-
nb.de/ abrufbar.

Impressum:

Copyright © 2017 GRIN Verlag
Druck und Bindung: Books on Demand GmbH, Norderstedt Germany
ISBN: 9783668914940

Dieses Buch bei GRIN:

https://www.grin.com/document/461313

Julia Keller

Systematische Trainingsplanerstellung für eine freizeitorientierte Sportlerin

GRIN Verlag

GRIN - Your knowledge has value

Der GRIN Verlag publiziert seit 1998 wissenschaftliche Arbeiten von Studenten, Hochschullehrern und anderen Akademikern als eBook und gedrucktes Buch. Die Verlagswebsite www.grin.com ist die ideale Plattform zur Veröffentlichung von Hausarbeiten, Abschlussarbeiten, wissenschaftlichen Aufsätzen, Dissertationen und Fachbüchern.

Besuchen Sie uns im Internet:

http://www.grin.com/

http://www.facebook.com/grincom

http://www.twitter.com/grin_com

Deutsche Hochschule für

Prävention und Gesundheitsmanagement

Hermann Neuberger Sportschule 3

66123 Saarbrücken

Einsendeaufgabe

Fachmodul: Trainingslehre I

Studiengang: Betriebliches Gesundheitsmanagement

Datum
Präsenzphase   **12.06.2017 - 15.06.2017**

Name, Vorname: Keller, Julia

Studienort: **Hamburg**

Semester: **WS 2016/2017**

Inhaltsverzeichnis

Die vorliegende Einsendeaufgabe beschäftigt sich mit der Trainingslehre des gesundheits- und freizeitorientierten Krafttrainings.

Ein Hauptaugenmerk wird hierbei auf eine systematische Trainingsplanerstellung für eine freizeitorientierte Sportlerin gelegt, welche auf Basis des Fünf-Stufen-Modells angefertigt wurde. Abschließend zeigt die fünfte Aufgabe, dass auch Personen mit chronischem Rückenschmerz einen positiven Nutzen durch das freizeit- und gesundheitsorientierte Krafttraining erzielen können.

1 Diagnose

Die erste Teilaufgabe widmet sich der Diagnose. Sie ist die erste Stufe des Fünf-Stufen-Modells, welches den allgemeinen und gesundheitlichen Ist-Zustand des Klienten feststellt, um den gewünschten Soll-Zustand mithilfe einer optimalen Trainingssteuerung erreichen zu können (Oliver et al., 2008, S.55-58).

1.1   Erhebung der allgemeinen und biometrischen Daten

Die Diagnose umfasst die Erhebung der relevanten Daten, die sich zum einen in die allgemeinen Daten Alter, Geschlecht, Körpergröße, Körpergewicht, Trainingsmotive, Beruf, damalige und jetzige sportliche Aktivitäten und die zur Verfügung stehende Zeit gliedern. Zum anderen müssen relevante biometrischen Parameter und der Gesundheitszustand ermittelt werden, um eine optimale Trainingsplanung verwirklichen und eventuelle Kontraindikationen ausschließen zu können.

Zunächst wird der Blutdruck, Ruhepuls und Körperfettanteil erhoben. Darüber hinaus werden eventuell zusätzliche gesundheitliche Restriktionen detektiert.

Die genannten Daten sind in folgender Tabelle aufgeführt.

Tab. 1: Allgemeine und biometrische Daten der Klientin X

Allgemeine Daten der Klientin X:	
Alter:	30 Jahre
Geschlecht:	weiblich
Körpergröße:	170 cm
Körpergewicht:	80 kg
Trainingsmotive:	Körperformung mit Fokus auf Bauch, Beine, Po und Körperfettreduktion
Berufe:	Managerin im Einzelhandel
Sportliche Aktivitäten:	Seit einem Jahr Fitnesstraining (3 x wöchentlich): 30 minütiges Kraftausdauertraining, 30 minütiges Ausdauertraining auf dem Laufband, keine systematische Trainingsplanung
zeitlicher Verfügungsrahmen:	3 x wöchentlich 60 Minuten
Biometrische Daten:	
Blutdruck:	126 / 82 mmHg
Ruhepuls:	72 Schläge pro Minute
Körperfettanteil:	34%
gesundheitliche Einschränkungen:	Keine Einschränkungen, keine Medikamenteneinnahme, keine orthopädische oder internistische Komplikationen

Anschließend erfolgt die biometrischen Bewertung der Daten, um die weiteren Teilschritte der Trainingssteuerung risikolos und wirksam zu gestalten.

Der Blutdruck wurde mit einem Blutdruckmesser ermittelt und lässt anhand der vorgegeben Klassifikation der American Heart Association folgendes bewerten:

Tabelle 2: Blutdruckklassifikation modifiziert nach Mancia et al., 2013, S.1286

Bewertungsstufen	systolischer Blutdruck	diastolischer Blutdruck
Normblutdruck (Normotonie)		
optimal	unter 120 mmHg	unter 80 mmHg
normal	unter 130 mmHg	unter 85 mmHg
hochnormal	130-139 mmHg	85 - 89 mmHg

Der Blutdruck liegt mit einem Wert von 126 systolisch zu 82 diastolisch im normalen Bereich und lässt somit eine hohe Belastungsintensität zu. Der Normwert des Ruhepulses liegt zwischen 60 und 80 Schlägen die Minute und liegt bei Klientin X mit 72 Schlägen ebenfalls im Normbereich. Der Körperfettanteil, welcher mit einer Calibermessung durchgeführt wurde, liegt mit 34% im hohen Referenzbereich, wie in Tab. 3 entnommen wird.

Tabelle 3: Zuordnung des Körperfettanteils, modifiziert nach Gallagher et al., 2000

	Frauen			
Alter (Jahre)	niedrig	normal	hoch	sehr hoch
20-39	< 21 %	21 - 33 %	33 - 39 %	> 39 %
40-59	< 23 %	23 - 34 %	34 - 40 %	40,00%
60-79	< 24 %	24 - 36 %	36 - 42 %	> 42 %

Durch die nicht vorhandenen gesundheitlichen Einschränkungen ergeben sich keine weiteren Kontraindikationen bezüglich einer hohen Belast- und Trainierbarkeit der Klientin X. Mit diesen erhobenen Daten sind somit die nächsten Teilschritte zu ermitteln.

1.2 Krafttestung mit einem Mehrwiederholungskrafttest

Nachdem die allgemeinen und biometrischen Daten in der Diagnose erhoben und bewertet sind, beginnt anschließend die Ausführung einer sportmotorischen Krafttestung. Dieser Pre-Test gehört ebenfalls zu der ersten Stufe des Fünf-Stufen-Modells und wird vor allem als deduktiver Ansatz von Steuerung der Trainingsintensitäten, aber auch zur Analyse von Leistungssteigerungen verwendet (Bös, K., 1987).

1.2.1 Begründung des Testverfahrens über den Mehrwiederholungs-
krafttest

Aufgrund der erhobenen allgemeinen und biometrischen Daten zur Klientin X konnte die weitere Trainingsplanung und die Zielsetzung bereits erstellt werden.

Wie ebenfalls in der ersten Teilaufgabe ermittelt, verfügt die Klientin keine gesundheitlichen Einschränkungen, die eine hohe Belastung kontraindizieren. Zudem wird die Klientin durch die einjährige Krafttrainingserfahrung nach der ILB-Methode (Eiffler, C., 2000) als fortgeschritten eingestuft.

Der erste Mesozyklus verfolgt das Ziel des exzessiven Muskelaufbaus nach der ILB-Methode mit einer Wiederholungsanzahl von 12-RM. Daher wird im folgenden Krafttest ein Test von 12 Wiederholungen durchgeführt, um diesen Pre-Test als Instrument der Trainingsgewichtsbestimmung zu wählen. Dieser ist somit deutlich praktikabler als beispielsweise ein 1-RM Krafttest.

1.2.2 Ablauf des 12-RM Mehrwiederholungskrafttest

Der Mehrwiederholungskrafttest wurde an einem Vormittag durchgeführt, da laut der eigenen Aussage der Klientin X dies ihre bevorzugte Trainingszeit ist und sie sich gesundheitlich zu der Uhrzeit in optimaler leistungsstarker Verfassung fühlt.

Das hier aufgeführte Mehrwiederholungstest lehnt sich an den Ablauf des Mehrwiederholungskrafttests Zimmers (1999).

Bevor die eigentliche Testung der Kraft stattfinden kann, muss als primärer Schritt der Krafttestung ein kurzes, aktiv-dynamisches Aufwärmen stattfinden. Zudem ist es bei einer Krafttestung förderlich, sich in einen motivierten Gemütszustand zu begeben.

Der Trainer kann mit motivierenden Worten dabei helfen, falls die Klientin noch nicht intrinisch motiviert ist. Der Beginn ist ein 10-minütigen Ausdauertraining auf dem Spinning-Bike, um die großen Muskelgruppen dynamisch zu beanspruchen und diese ideal auf die nun zu testenden unteren Extremitäten vorzubereiten. Anschließend folgt das spezielle Aufwärmen für die neuronale Ansteuerung der Arbeitsmuskulatur mit submaximaler Last. Aufgrund der hoch umstrittenen Effektivität des Aufwärmens und der Kontraproduktivität von zu langem und intensivem Aufwärmen (Wiemeyer, J., 2002, S. 53- 80) sollte dabei beachtet werden, dass die Wiederholungsanzahl von 10 Wiederholungen mit einem Aufwärmgewicht von 50% des Arbeitsgewichts nicht überschritten wird, um vorzeitige Laktatbildung zu vermeiden (Sportmedizin, 2003).

Da die Klientin im Anschluss daran optimal physisch, als auch psychisch auf die Krafttestung vorbereitet ist, werden nun die Testsätze mit den in der Tabelle aufgeführten Übungen ausgeführt.

Es werden pro Übung 1-3 Testsätze ausgeführt und je nach subjektivem Einschätzen 5%, 10% oder 25% gesteigert. Zwischen jedem Testsatz wird eine dreiminütige Pause eingelegt (Zimmer, M. 1999).

In folgender Tabelle sind alle zu testenden Übungen in der zu trainierenden Reihenfolge aufgeführt. Es können zu jeder Übung höchtens drei Testsätze durchgeführt sein. Falls das um 5%, 10% oder 25% erhöhte Gewicht als Gewicht nicht vorhanden ist, muss dieser aufgerundet werden.

Tabelle 4: Testgewichte und Testendergebnisse des 12-RM Mehrwiederholungskrafttests

Mehrwiederholungskrafttest (12-RM)					
Übung	Wdh.	1. Satz	2. Satz	3. Satz	Testendergebnisse
1. Beinpresse	12	80 kg	90 kg	-	90 kg
2. LH-Frontkniebeuge	12	20 kg	-	-	20 kg
03. Hüftabduktionsmaschine	12	30 kg	40 kg	-	40 kg
04. Latzug zur Brust	12	20 kg	25 kg	30 kg	30 kg
05. LH-Rudern vorgebeugt	12	20 kg	20 kg	-	20 kg
06 LH-Bankdrücken	12	20 kg	25 kg	-	25 kg
7 Rumpflexion am Kabelzug	12	30 kg	-	-	30 kg
8 Rumpfrotationsmaschine	12	10 kg	-	-	10 kg

1.2.3 Effektivität einer sportmotorischen Krafttestung

Die Kernziele einer Krafttestung (Martin et al., 1993, S.118) können anhand dieses 12-RM Krafttests nur teilweise erfüllt werden. Einerseits ermöglichen die ermittelten Testgewichte die Ableitung der Trainingsintensitäten für die anschließende Trainings-planung des ersten Mesozyklus nach der ILB-Methode, die in Teilaufgaben 3 und 4 de-taillierter vorgestellt werden.

Eine Erstellung von Norm- und Referenzwerten verschiedener Muskelgruppen kann je-doch bei dieser Krafttestung nicht stattfinden, da diverse in- und externe Störfaktoren auf die motorische Fähigkeit Kraft einwirken (Martin et al., 1993):

Unterschiedliche Verteilung der Muskelfasertypen I und II, die genetisch und trainings-bedingt ist, lassen keinen exakten Leistungsvergleich zu (Howald, H., 1989, S. 18-24).

Auch die unterschiedlich geformte Muskulatur und Muskelquerschnittgröße und die va-riierende Muskellänge beeinflussen das Kraftpotenzial (Tittel & Wutscherk, 1993, S.183-199).

Weitere Faktoren wie die inter- und intramuskuläre Koordination, metabolische Einflussfaktoren, sowie der Trainingsmethode verfälschen den intraindividuellen Leis-tungsvergeich (Bührle & Schmidtbleicher, 1981, Tesch et al., 1986).

Auch die Kontraktionsgeschwindigkeit (Wank, V., 1996), Motivation und alters- und geschlechtsbezogene Differenzen wirken auf die Kraft (Hollmann & Hettinger, 2000).

Durch eine exakte Standardisierung der Testrahmenbedingungen, des Ablaufs und der Methode und somit Minimierung der Störgrößen kann jedoch ein interindividueller Ver-gleich stattfinden. Sie können somit als Werte eines Pre-und Posttests um eine Kraftstei-gerung und somit Muskelaufbau darlegen.

Die weitere Trainingssteuerung kann auf Basis dieses Krafttests geplant werden, da die Testendergebnisse auch das Trainingsgewicht des ersten Mesozyklus dieser Klientin aufführen.

2 Zielsetzung/Prognose

In der zweiten Aufgabe, die gleichzeitig die zweite Stufe des Fünf-Stufen-Modells darstellt,sind drei relevante Ziele der Klientin festgelegt. Diese müssen mit den Trainingsmotiven der Klientin übereinstimmen und sind somit fitnessorientiert. Eine hohe Relevanz verfügt die Messbarkeit sowohl bei biometrischen, als auch bei sportmotorischen Zielen, damit diese auch verglichen und gegebenfalls Maßnahmen ergriffen werden können. Ein Ziel sollte daher aus einem präzisen Inhalt mit einem realisitischen Ausmaß bestehen, der in einem konkreten Zeitfenster erfüllt werden kann.

Tabelle 5: festgelegte Ziele der Klientin X

Inhalt:	Ausmaß:	Zeit:
Aufbau von Muskelmasse	Muskelaufbau von 1 kg	6 Monate
Körperfettreduktion	Körperfettreduktion um 6 kg	6 Monate
Kraftsteigerung in den unteren Extremitäten	Kraftsteigerung in den unteren Extremitäten um 10%	6 Monate

2.1 Biometrische Ziele

Die biometrischen Ziele der Klientin sind einerseits der Aufbau von Muskelmasse, da ihr Wunsch zum einen die Körperformung darstellt und zum anderen die Körperfettreduktion. Aufgrund der vorhandenen Krafttrainingserfahrung und keiner gesundheitlichen Einschränkungen kann der erste Mesozyklus auf das Ziel des Muskelaufbaus ausgelegt werden, da die neuromuskulären Adaptationen bereits stattgefunden haben, welche anfangs für den Hypertrophieprozess verantwortlich sind (Moritani, T., 1994, S. 266-276). Realistisch ist ein Muskelaufbau von drei bis sechs Kilo im zweiten Trainingsjahr. Da diese Ziele in einem Zeitraum von sechs Monaten erfüllt werden sollen und die Klientin im letzten Zyklus durch ein Kraftausdauertraining ebenfalls einen Fokus auf die Körperfettreduktion legt, sollte man somit einen realistischen Muskelaufbau von einem Kilogramm in Erwägung ziehen.

Das weitere Ziel der Körperfettreduktion ist das zweite sportmotorische Ziel, da die Klientin sich mit 34% Körperfettanteil im hohen Referenzbereich befindet, wie in der Diagnose festgestellt worden ist. Somit beträgt ihre Fettmasse bei einem Gesamtgewicht von 80 kg 27,2 kg. Ein realistischer Verlust liegt wöchentlich zwischen 250g und 500 g Fett. In einem Zeitraum von sechs Monaten sollte deshalb das Körperfett sechs Kilogramm reduziert werden und somit einen Körperfettanteil von 26,5% erzielen. Dieser Soll-Wert entspricht dem Normwert. Da ein zu hoher Körperfettanteil ein Risikofaktor für viele cardiovaskuläre Erkrankungen wie beispielsweise Hypertonie, fördert dieses Ziel ebenfalls den präventiven Aspekt (Bramlage, C., 2005, S. 22-23).

Um die Ist- und Sollwerte exakt bestimmen zu können, wird nach der Kalibermessung zusätzlich der Fett-Freie-Masse-Index (Kouri et al., 1995) bestimmt, welcher durch das Körpergewicht, der Körpergröße und dem Körperfettanteil ermittelt werden kann.

Der Ist-Wert der fettfreien Muskelmasse der Klientin X liegt bei 18,90 kg.

Der Soll-Wert entspräche somit 9,90 kg.

2.2 Sportmotorische Ziele

Als sportmotorisches Ziel wurde die Kraftsteigerung um 10% in den unteren Extremitäten gewählt. Realistisch ist bei der ILB-Methode bei Fortgeschrittenen circa 14%, wurde jedoch aufgrund der Trainingszieldifferenzen auf 10% gelegt (Eiffler, C., 2000).

Die zu testenden Übungen ist in einem 12-RM Mehrwiederholungskrafttest die Beinpresse. Der Ist-Wert liegt bei dem Post-Test der Klientin bei der Beinpresse 85, der Soll-Wert entspräche somit aufgerundet 95 kg.

Zudem liegt die Körperformung vor allem mit dem Fokus auf der Bauch-, Gesäß- und Beinmuskulatur und kann somit durch einen Schwerpunkt auf diesen Muskelgruppen die Klientin motivieren und eine Drop-Out Quote reduzieren. Alle drei Ziele sind in einem Zeitfenster von sechs Monaten terminiert und stellen daher Grobziele für die Klientin dar.

3 Makrozyklusplanung

In der dritten Teilaufgabe wird nun eine langfristige Makrozyklusplanung für die Klientin erstellt, welches die dritte Stufe des Fünf-Stufen-Modells darstellt.

Tabelle 6: Makrozyklusplanung der Klientin

	Mesozyklus I	ILB Test für 8 Wd h.	Mesozyklus II	IL B Te st für 12 W dh .	Mesozyklus III	IL B Te st für 20 W dh	Mesozyklus IV
Dauer	6-8		6-8		6-8		6-8
Trainings-ziel	Muskelaufbau (extensiv)		Muskelaufbau (intensiv)		Übergangs-training		Kraftausdauer
Organisations-form	GK (Station)		GK (Station)		GK (Station)		GK (Circuit)
Einheiten/ Woche	3x		3x		3x		3x
Übungen/ Muskelgruppe	1-2		1-2		1-2		1-2
Sätze/ Übung	3		3		3		3
Wiederholun-gen	12		8		15		20
Satzpausen	60		60		60		60
Intensität	70-90% 12-RM		70-90% 8-RM		70-90% 15-RM		70-90% 20-RM
Tempo	2-0-2		2-0-2		2-0-2		2-0-2

3.1 Übergeordnete Wahl der Trainingsmethode

Der oben aufgeführte Makrozyklus basiert auf der ILB-Methode, welche speziell für den Freizeitsportler entwickelt worden ist. Aufgrund des in der Krafttestung ausgeführtem 12-RM Test können folgend die Trainingsgewichte bestimmt werden. Durch die Einstufung als Fortgeschrittene, wird die Klientin X 70-90% des ermittelten Testgewichts als Trainingsgewicht nutzen (Eiffler, C., 2000).

3.2 Belastungsparameter und Organisationsform

Die Klientin X trainiert in ihren Zyklus dreimal wöchentlich, da sie über einen zeitlichen Verfügungsrahmen von drei Trainingstagen verfügt und zudem eine Trainingshäufigkeit von dreimal wöchentlich in der ILB-Methode mit einem Trainingsalter von einem Jahr empfohlen wird. Fröhlich & Schmidtbleicher (2008) erheben ebenfalls, dass zwei bis vier Trainingseinheiten pro Woche den optimalen Stimulus aufwiesen.

Als Organisationsform trainiert die Klientin in einem Ganzkörpertraining, womit sie innerhalb von drei wöchentlichen Trainingseinheiten alle Muskelgruppen trainiert. Zudem ist die Wahl des Ganzkörpertrainings, auch aus zeitökonomischen Gründen, für eine freizeitorientierte Sportlerin ausreichend. Die ersten drei Mesozyklen erfolgen in Form eines Stationstrainings, welches mit dem Mehrsatzprinzip ausführbar ist. Durch die aufeinanderfolgenden Sätze ermüdet der Muskel stärker, als zum Beispiel bei einem Kreistraining, welches sich jedoch vor allem für das Kraftausdauertraining des letzten Mesozyklus anbietet. Durch die mehreren Sätze pro Übung wird dieses mehrfach durchlaufen und bietet sich vor allem für das Ziel der Körperfettreduktion durch die Erhöhung der Laktattoleranz und die Erweiterung des Energiespeichers an.

Während einer Trainingseinheit wurden pro Übungen drei Sätze und ein bis zwei Übungen pro Muskelgruppe gewählt, um einen Trainingsplan mit hohem Volumen zu gewährleisten (Heiduk et al., 2002). Dies hat von Vorteil, dass der Muskelaufbauprozess am effektivsten stattfinden kann. Metanalysen konnten eine Dominanz bezüglich der Fortschritte sowohl bei Anfängern, als auch bei Fortgeschrittenen bei einem Mehrsatztraining aufweisen (Peterson et al., 2004).

Die Belastungsintensität beträgt 70-90% des jeweils getesteten X-RM nach der ILB-Methode. Diese ist jedoch indiziert, da keine gesundheitlichen Einschränkungen vorhanden sind und sie eine einjährige Trainingserfahrung besitzt Während einer Trainingseinheit wurden pro Übungen drei Sätze und ein bis zwei Übungen pro Muskelgruppe gewählt, um einen Trainingsplan mit hohem Volumen zu gewährleisten (Heiduk et al., 2002). Dies hat von Vorteil, dass der Muskelaufbauprozess am effektivsten stattfinden kann. Metanalysen konnten eine Dominanz bezüglich der Fortschritte sowohl bei Anfängern, als auch bei Fortgeschrittenen bei einem Mehrsatztraining aufweisen (Peterson et al., 2004). Zudem muss ein hoher Wiederstand gegeben sein, um den Muskel zu ermüden. Die Ermüdung hat nach der Regeneration des Muskels eine Superkompensation zu Folge, welche zur Erhöhung der Leistungsfähigkeit führt (Joch, &Ückert, 1999).

3.3 Periodisierung

Da das Ziel der Klientin primär die Körperformung und somit primär den Aufbau von Muskelmasse darstellt, wurde die Blockperiodisierung mit dem Schwerpunkt auf dem Ziel Muskelaufbau und anschließende Körperfettreduktion durch das Kraftausdauertraining gewählt. Beginnend mit dem extensiven Muskelaufbautraining wird im zweiten Mesozyklus im intensiven Muskelaufbautraining die Wiederholungszahl sukzessiv abnehmen und das Gewicht steigern (Kraemer & Fleck, 2007). Da es sich um eine fortgeschrittene Trainierende handelt, kann mit Hypertrophietraining gestartet werden. Dieses liegt bei der ILB-Methode zwischen 8 und 15 Wiederholungen (Boeck-Behrens et al., 2002). Die neuronalen Adaptationen, wie die Rekrutierung und Frequentierung die beginnend ausschließlich für den Hypertrophieprozess zuständig sind (Fleck & Kraemer, 2004), haben bereits in Form der intermuskulären Koordination stattgefunden. Somit ist an diesem Punkt der Faktor der intramuskulären Koordination für die Hypertrophie entscheidend.

Der vierte und somit umfangsorientierte Mesozyklus des erstellen Makrozyklus beinhaltet das Ziel des Kraftausdauertrainings. Nachdem durch die ersten drei Mesozyklen ein Hypertrophietrophietraining stattfand, kann nun der Schwerpunkt auf das das zweite Ziel der Körperfettreduktion gezielt erfolgen. Durch die Erhöhung der Muskelmasse wird ebenfalls der Kalorienverbrauch erhöht und somit die Effektivität der Fettverbrennung erzielt (Owen, O., 1988). Hinzuzufügen ist ebenfalls, dass der anaerobe-laktazide Muskelstoffwechsel während des Kraftausdauertraining optimiert und die oxidative Energiefreisetzung verbessert wird (Tesch, P., 1994, S.365-373). Zudem ermöglicht die Blockperiodisierung neben der optimalen Zielansteuerung der fitnessorientierten Klientin zusätzlich Abwechslung und somit mehr Motivation (Prestes et al., 2008, S.266-274).

4 Mesozyklusplanung

Tabelle 7: Trainingsplanung in Anlehnung an die ILB-Methode

Zyklusdauer	6-8 Wochen
spezifisches Trainingsziel	Muskelaufbau (extensiv)
Trainingseinheiten pro Woche	3 x
Organisationsform	GK (Station)
Übungen pro Muskelgruppen	01.02.17
Sätze pro Übung	3
Satzpausen	60
Wiederholungszahl	12
Intensität	70-90% 12-RM
Bewegungstempo	2-0-2

Tabelle 8: Krafttrainingsübungen, ausgewählt und ergründet anhand des Onlineübungsmoduls der bsa/dHfPG

Krafttrainingsübungen
1. Beinpresse (sitzend)
2. Langhantel Frontkniebeugen
3. Hüftabduktionsmaschine
4. Latzug zur Brust
5. Langhantel-Rudern vorgebeugt
6. Langhantel-Bankdrücken
7. Rumpfflexion am Kabelzug
8. Rumpfrotationsmaschine

4.1 Übungsauswahl im Hinblick auf die Trainingsziele

Das Konzept der in der Tabelle aufgeführten Übungsauswahl erschließt sich aus den Gesundheits- und Leistungsvoraussetzungen der Person. Dadurch, dass die nicht vorhandenen gesundheitlichen Risiken und die Kraftsporterfahrung der Klientin das Training mit freien Gewichten ermöglichen, wurden diese mit gerätegestützten Maschinen und Übungen am Seilzug kombiniert.

Verknüpfend mit dem biometrischen Ziel des Kraftaufbaus lässt sich ergänzen, dass der Kraftaufbau an Freihanteln im Vergleich zu geführten Maschinen überwiegt (Stone et al, 2000). Durch die alltagsnahen Bewegungen kann auch die Autostabilisation und die intermuskuläre Koordination gefördert werden (Ehhardt, D., 2012).

Mehrgelenkige Übungen wurden bei der Trainingssteuerung außerdem priorisiert, da durch die Kontraktionen zusammenwirkender Muskelgruppen eine Sicherung der Gelenke erzielt wird. Dadurch wird außerdem ein größerer Anteil von Muskelmasse verwendet und somit ein höherer Kalorienumsatz erzielt, was ebenfalls das zweite biometrische Ziel der Körperfettreduktion unterstützt (Haff, G.G., 2000, S. 18-30). Zudem sind diese ebenfalls alltagsnäher als Eingelenksübungen und verhindern das Auftreten von Scherkräften (Hois & Ziegner, 2006, S. 18-25).

Da im Ziel der Körperformung vor allem der Schwerpunkt auf die Bein-, Gesäß- und Bauchmuskulatur gesetzt wurde, überwiegt der Anteil der Bauch,- Gesäß- und Beinmuskulatur im Trainingsplan. Zusätzlich richtet sich die Übungswahl nach dem sportmotorischen Ziel des Kraftaufbaus in den unteren Extremitäten.

Die erste Übung ist die Beinpresse. Die primär beteiligte Muskulatur ist zum einen der vierköpfige Oberschenkelmuskel, der große Gesäßmuskel, der zweiköpfige Oberschenkelmuskel und der Halb- und Plattsehnenmuskel. Zum einen wurde diese Übung gewählt, da diese der zu stärkenden Wunschmuskulatur der Klientin entspricht und zum anderen durch die gerätegestützte Maschinenwahl eine genauere Analyse des Kraftzuwachses zulässt. Um auch die Autostabilisation mit einer alltagsnahen Freihantelübung mit der zu stärkenden Wunschmuskulatur zu erzielen, wurde als zweite Übung die Langhantel-Kniebeuge gewählt. Zudem baut diese Übung nicht nur die oben aufgeführten Muskeln auf, sondern stärkt gleichzeitig die autochtone Rückenmuskulatur (bsa/dHfPG).

Additional zu dem Wunsch der Formung des Gesäßmuskels wurde als dritte Übung die Hüftabduktionsmaschine gewählt, wobei gezielt der große, kleine und mittlere Gesäßmuskel trainiert wird. Da der kleine und mittlere Gesäßmuskel nur schwer an Freihantelübungen gezielt isoliert trainiert werden kann, wurde diese Übung an einer Maschine gewählt (bsa/dHfPG,).

Als vierte und fünfte Übung, nun für die oberen Extremitäten, wurde eine Übung am Seilzug, den Latzug zur Brust gewählt und das vorgebeugte Langhantel-Rudern. Hier wird sowohl der breite Rückenmuskel, als auch der große Rundmuskel, der unterer Anteil des Trapezmuskel, hinterer Teil des Deltamuskels, der zweiköpfige Armmuskel und der Oberarmspeichenmuskel trainiert. Bei der freien Übung wird zusätzlich die autochtone Rückenmuskulatur beansprucht und die Gesäß- und Oberschenkelmuskulatur auf Spannung gehalten. Aufgrund der ausschließlich sitzenden beruflichen Tätigkeit, aber auch als Prophylaxe von Verspannungen und Rückenbeschwerden, ist es sinnvoll, die Lendenwirbelsäule zusätzlich in den Übungen zu berücksichtigen (bsa/dhpfg).

Um auch den Antagonisten der soeben demonstrierten Übung zu beanspruchen und somit Dysbalancen zu vermeiden, muss auch der große Brustmuskel, der vordere Anteil des Deltamuskels und der dreiköpfige Armmuskel beansprucht werden. Dies wird hier als sechste Übung im Langhantel Bankdrücken gewählt (bsa/dhfpg).

Als siebte Übung des Trainingsprogramms wurde die Rumpfflexion am Kabelzug gewählt, welche den querverlaufendenen, geraden, inneren und äußeren inneren Bauchmuskel trainiert. Zum einen wird somit ein weiterer Antagonist des Rückenmuskels trainiert, und zum anderen der gewünschte Schwerpunkt "Bauch" der Klientin beansprucht.

Die letzte Übung des Mesozyklus ist die Rumpfrotationsmaschine. Zum einen kräftigt sie die gewünschte Muskulatur der Klientin X, zum anderen ist ein starker Rumpf die Basis zu starken Extremitäten (Bompa & Carrera, 2005).

Aufgrund der vorhandenenen Krafttrainingserfahrung konnten und keiner vorhandenen gesundheitlichen Einschränkungen konnten die Übungen indiziert ausgesucht werden. Ergänzend wurden jedoch auch Maschineübungen und Übungen am Seilzug gewählt, um den Vorteil des gezielt isolierten Trainings einiger Muskelgruppen zusätzlich zu den Grundübungen zu wählen. Zudem wird somit etwas Abwechslung ermöglicht. Die Auswahl der Muskelgruppen wurde ausgewogen gewählt, um Dysbalancen zu vermeiden und in einer Trainingseinheit viele Muskelgruppen trainieren zu können (bsa/dhpfg).

5   Literaturrecherche

Die letzte Aufgabe verdeutlicht anhand zweier Studien die Effizienz des Krafttraining bei Personen mit chronischem Rückenschmerz.

Tabelle 9: Effekte maschinengestützten Krafttrainings in der Behandlung chronischen Rücken-schmerzes nach Stephan. A, Goebel S., & Schmidtbleicher, D. (2011)

Effekte maschinengestützen Krafttrainings in der Behandlung chronischen Rückenschmerzes	
Wer hat die Studie durchgeführt?	Stephan, A., Goebel, S., Schmidtbleicher, D.
In welchem Jahr wurde die Studie publiziert?	2011
Mit welchen Versuchs-personen wurden die Studien durchgeführt?	- volljährige, randomisierste Probanden mit den Einschluss-kriterien "Rückenschmerzen seit mehr als 12 Wochen oder mindestens zwei rezidivierende Schmerzschübe pro Jahr seit mindestens 2 Jahren des Chronfizierungsgrad 1 oder 2" - Trainingsgruppe: 58 volljährige, randomisierte Probaden der deutschen Bevölkerung in 45 verschiedenen Einrichtun-gen - Kontrollgruppe: 16 volljährige, randomisierte Probanden der deutschen Bevölkerung in 12 verschiedenen Einrichtungen
Wie sah der Ver-suchsaufbau der Studi-en aus?	- Messung von Schmerz und Beeinträchtigung intitial, nach 3 und 6 Monaten mit Schmerzskalen Pain Severity, Effects of Pain und eine nummerische Ratingskala zur mittleren Schmerzintensität sowie der Oswestry Disabilty Index - Absolvation eines gerätegestützten Hypertrophietrainings aller großen Muskelgruppen und einer Trainingshäufigkeit von 6- mal monatlich von 30 Minuten inklusive einer Einwei-sung durch qualifiziertes Personal - isometrische Maximalmalkraftmessung der Lumbalextenso-ren
Welche relevanten Er-gebnisse und Schluss-folgerungen lieferte die Studie?	- Das gerätegestützte Krafttraining führte zu einer Schmerz-freiheit von 20 Personen und Reduktion von 38% der mittle-ren Schmerzstärke in der Trainingsgruppe - Das gerätegestützte Krafttraining führte zu einer Schmerz-frei heit von 6 Personen und Reduktion von 26% der mittle-ren Schmerzstärke in der Kontrollgruppe - Ein Ganzkörpertraining erweist sich als eine effiziente Mög-lichkeit zur Reduktion und Besserung der chronischen Rückenschmerzen - Durch den geringen Zeitaufwand verringert das zeiteffizien-te Ganzkörpertraining die Drop-Out Quote, was auch den psychischen Faktor der Trainingsüberwindung positiv be-einflusst und motiviert

Tabelle 10: Studie zum Krafttraining bei chronischen lumbalen Rückenschmerzen (Goebel, S., Stephan, A. & Freiwald, J., 2005)

Krafttraining bei chronischen lumbalen Rückenschmerzen	
Wer hat die Studie durchgeführt?	Goebel S., Stephan A., Freiwald, J.
In welchem Jahr wurde die Studie publiziert?	2005
Mit welchen Versuchspersonen wurden die Studien durchgeführt?	- Probanden mit den Einschlusskriterien von chronischem Rücken schmerz seit mindestens 6 Monaten oder mehr als zwei akute Lumbalgien pro Jahr innerhalb der letzten 2 Jahre mit jeweils mindestens einwöchiger Arbeitsunfähigkeit - Teilung der Probranden in 69 Personen in der medizinischen Kräftigungstherapie an der MedX-Lumbar-Extension, sowohl 33 Probanden (KG), die in einem betriebsärztlichen Zentrum, sowie 4 orthophädischen Praxen rekrutiert worden sind
Wie sah der Versuchsaufbau der Studien aus?	- Erhebung von verschiedenen Informationen der Probanden der MKT-Gruppe und der KG mithilfe eines Patientenfragebogens zu den Fragen der Subjektiven Gesundheit, Rückenschmerzen, Funktionskapazität des Rückens, Einschätzung der Arbeitsunfähigkeit, Angaben zu Krankheitskosten - Vergleich beider Probandengruppen in einem Jahreslängsschnitt
Welche relevanten Ergebnisse und Schlussfolgerungen lieferte die Studie?	- Beide Gruppen wiesen eine Verringerung der Rückenschmerzen auf - MKT-Probanden berichteten zudem über eine bessere Funktionskapazität des Rückens, sowohl eine geringere Inanspruchname von physiotherapeutischen Angeboten - Durch die Stärkung der Lumbalextensoren kann additional zu der Schmerzverringerung ein Kraftaufbau stattfinden, welches die Bewegungssicherung im Alltag sichert und somit die Lebensqualität verbessern - Das Krafttraining kann zu zeiteffizienter ein höheres Spektrum an positiven Änderung der oben genannten erhobenen Daten führen

6 Literaturverzeichnis

Boeckh-Behrens, W.-U., Buskies, W. (2002). *Fitness-Krafttraining. Die besten Übun gen und Methoden für Sport und Gesundheit* (6. Aufl.). Reinbek bei Hamburg: Ro wohlt.

Bompa, T. O. & Carrera, M. C. (2005). *Periodization training for sports. Science-based strength and conditioning plans for 20 sports* (2. ed.). Champaign, IL: Human Kinetics.

Bös, K. (1987). *Handbuch sportmotorische Tests.* Göttingen: Verlag für Psychologie.

Bramlage, C. von http://www.med.unigoettingen.de/de/media/tag_der_medizin/td m2005_was_hat_bluthochd_m_gewicht.pdf aufgerufen

Bührle, M. & Schmidtbleicher, D. (1981). Komponenten der Maximal- und Schnellkraft. Versuch einer *Neustrukturierung* auf der Basis em-piri- scher Er- gebnisse. *Sportwissenschaft, 66* (1), 11-27.

BSA/dHfPG von *https://ilias.dhfpg.de/ilias.php?baseClass=ilSAHSPresentation- GUI&ref_id=2747653* aufgerufen

BSA/dhfPG von *https://ilias.dhfpg.de/ilias.php?baseClass=ilSAHSPresentation- GUI&ref_id=2747675* aufgerufen

BSA/dHpPG von *https://ilias.dhfpg.de/ilias.php?baseClass=ilSAHSPresentation- GUI&ref_id=2747653* aufgerufen

BSA/dHfPG von *https://ilias.dhfpg.de/ilias.php?baseClass=ilSAHSPresentation GUI&ref_id=2747653* aufgerufen

Ehrhardt, D., Praxishandbuch funktionelles Training, 2012

Eiffler, C., 2000. *Krafttraining nach der ILB-Methode - Eine empirische Über- prüfung der Trainingseffekte bei Anfängern und Fortgeschrittenen.* Diplomarbeit, Universität des Saarlandes. Saarbrücken.

Fleck, S. J. & Kraemer, W. J. (2004). *Designing resistance training programs* (3. ed.). Champaign, IL: Human Kinetics.

Fröhlich, M. & Schmidtbleicher, D. (2008). Trainingshäufigkeit im Krafttrai- ning – ein metaanalytischer Zugang. *Deutsche Zeitschrift für Sportmedizin* (2), 4-12.

Galger, D., Heymsfield, S.B., Heo, M., Jebb, S.A., Murgatroyd, P.R., Sakamoto, Y., (2000). Healthy body fat ranges: an approach for devoloping guidelines based on body mass index. *American Journal of Clinical Nutrition (3)*, 694-701.

Haff, G. G. (2001). Nonlinear versus linear periodization models. Strength and Conditioning Journal, *11* (1), 42-44.

Heiduk, R., Preuss, P. & Steinhöfer, D. (2002). Die optimale Satzzahl im Krafttraining: Einsatz- versus Mehrsatz-Training. *Leistungssport* (4), 4-13.

Hois, G. & Ziegner, A. (2006). Grundlagen des mehrgelenkigen Trainings in Theorie und Praxis. *Bewegungstherapie und Gesundheitssport, 22*, 18- 25.

Hollmann, W. & Hettinger, T. (2000). Sportmedizin. Grundlage für Arbeit. Trainings und Präventivmedizin (4. Aufl). Stuttgart: Schattauer.

Joch, W. & Ückert, S. (1999). *Grundlage des Trainings* (2. Aufl.). Münster: Lit.
Kouri, E.M.Pope Jr., H.G., Oliva, P. (1995) Fat-free mass index in users and nonusers of anabolic-androgenic steroids, *Clinical Journal of sport medicine, 5*, 222-228

Kraemer, W.J. & Fleck, S.J., (2007). *Optimizing strength training. Designing nonlinear periodization workouts*. Champaign: Ill, Leeds: Human Kinetics.

Martin, D., Carl, K. & Lehnertz, K. (1993) *Handbuch Trainingslehre*(2. Aufl.). Schorndorf: Hofmann.

Moritani, T. (1994). Die zeitliche Abfolge der Trainingsanpassungen im Verlaufe eines Krafttrainings. In P. V. Komi (Hrsg.), *Kraft und Schnellkraft im Sport* (S. 266-276). Köln: Deutscher Ärzte-Verlag.

Olivier, N., Marschall, F. & Büsch, D. (2008). *Grundlagen der Trainingswissenschaft und -lehre*. Schorndorf: Hofmann.

Owen, O. (1988). Resting metabolic requirements of men and women. *Mayo Clinics Proceedings* (5), 503-510.

Peterson, M. D., Rhea, M. R. & Alvar, B. A. (2004). Maximizing strength development in athletes: a meta-analysis to determine the dose-response relationship. *Journal of Strength and Conditioning Research, 18* (2), 377- 382.

Prestes, J., Lima, C. de, Frollini, A. B., Donatto, F. F. & Conte, M. (2008). Comparison of linear and reverse linear Periodization effects on maxi- mal strength and body composition. *Journal of strength and conditioning research* 23 (1), 266-274.

Stone, M. H., Collins, D., Plisk, S., Haff, G. G. & Stone, M. E. (2000). Training principles: evaluation of modes and methods of resistance training. *Strength and Conditioning Journal 22* (3), 65-76.

Stephan A., Goebel, S., Schmidtbleicher, D. (2011). Effekte maschinengestützten Krafttrainings in der Behandlung chronischen Rückenschmerzes, *Deutsche Zeitschrift für Sportmedizin* (3), S. 69 - 74.

Tesch, P. A. (1994). Das Training im Bodybuilding. In P. V. Komi (Hrsg.), *Kraft und Schnellkraft im Sport* (S. 365-373). Köln: Deutscher Ärzte-Verlag.

Tesch, P. A., Colliander, E. B. & Kaiser, P. (1986). Muscle metabolism dur- ing intense, heavy-resistance exercise. *European Journal of Applied Psychologie* (4), 362-366.

Tittel, K. & Wutscherk, H. (1994). Anthropometrische Faktoren. In P. V. Komi (Hrsg.), *Kraft und Schnellkraft im Sport* (S. 183-199). Köln: Deutscher Ärzte-Verlag.

Wank, V. (1996). *Modellierung und Muskelkontraktionen* Köln: Sport und Buch Strauß.

Wiemeyer, J. (2002). Dehnen – eine sinnvolle Vorbereitungsmaßnahme im Sport? *Spektrum der Sportwissenschaften* (1), 53-80.

Zimmer, M. (1999) Entwicklung und Erprobung eines Mehrwiederholungstests zur Erfassung der Kraftleistung im Fitneß-Training. Diplomarbeit, Universität des Saarlandes. Saarbrücken.

Howald, H. (1989). Veränderungen der Muskelfasern durch Training. *Leistungssport, 19 (2),* 18-24.

7 Tabellen- und Abbildungsverzeichnis